Paul Kegan

Darstellung des feindlichen Überfalls der Franzosen

Paul Kegan

Darstellung des feindlichen Überfalls der Franzosen

ISBN/EAN: 9783743691629

Hergestellt in Europa, USA, Kanada, Australien, Japan

Cover: Foto ©ninafisch / pixelio.de

Weitere Bücher finden Sie auf **www.hansebooks.com**

Darstellung

des

feindlichen Ueberfalls

der Franzosen.

***

Mit Beylagen und Bemerkungen.

***

***

Den 7. März 1799.

Darstellung

des

feinblichen Ueberfalls der Franzosen.

Nach den beyspiellosen Aufopferungen die Deutschland zur Erhaltung des so sehr gewünschten Friedens brachte; nach allen den Erniedrigungen, wo-
mit man dasselbe dem ohngeachtet so schmerzlich
heimsuchte; nachdem man Jahr und Tag lang zu-
gesehen, wie deutsche Völker mitten in einem
feyerlichen Waffenstillstand und während
den Friedensunterhandlungen mit erdrückenden
Kriegslasten mißhandelt worden, und die Festung
Ehrenbreitstein den heiligsten Verträgen zu-
wider von den Franzosen in Besitz genommen
worden ist: haben nunmehr die Franzosen auch noch
zuletzt näher an Tag gelegt, was sie unter Frieden
verstehen. Am 1ten dieß Monats sind sie ohne die
mindeste Kriegserklärung auf verschiedenen Punkten
in Deutschland eingefallen. Nach ihrer bekannten

Sprache soll dieses zwar für keinen Krieg, keine feindselige Behandlung angesehen werden, sondern sie wollen nach der Proklamation des Direktorii vom 19ten Hornung (Nr. 1.) und einer ferneren Proklamation des General Jourdan vom 28ten Hornung (Nr. 2.) nur folgendes thun:

1°. diejenigen militärischen Stellungen (auf fremden Lande) einnehmen, welche die Umstände erheischen, und zwar ohne die weitere Ausdehnung derselben anzugeben:

2°. wenn sie Widerstand (gegen ihren Angriff) finden, sich schlagen.

3°. ihre Armee auf Unkosten der (fremden) Länder wohin sie (unangefragt) kommen werden, erhalten.

Und zwar alles dieß —— ohne irgend ein Land in Europa, vielweniger einen deutschen Reichsstand weder namentlich zu bezeichnen noch auszuschließen.

§. 1.

Höchste Unverschämtheit und ein wahrer Spott mit dem gesunden Menschenverstande ist es, wenn man anstatt des Worts Krieg, die vollständige Definition desselben, alle feindseligen Handlungen die er in sich schließt, aufzählt: und dann doch öffentlich, und feyerlich im Angesicht von Europa behaupten darf, daß solches kein K r i e g, sondern eine Fortsetzung freundschaftlicher und Friedensgesinnungen sey. Man hat in keinem Krieg je etwas anders gethan, als militärische Stellungen einnehmen die die Umstände erheischen, (vortheilhaft machen) wenn man Widerstand findet sich schlagen, (Gewalt brauchen) und die Armee auf fremder Länder Kosten erhalten. Wenn daher je das in seinem Innersten beleidigte und empörte Europa in den Fall kömmt, eine solche Insolenz in den Eingeweiden ihres Urhebers zu bestrafen, so kann man den Franzosen (um Spott mit Spott zu erwiedern) füglich erklären, daß man nichts weiter thue, als Positionen (Städte, Festungen und Provinzen) besetzen, Gewalt brauchen wo sie nöthig ist, und zum Unterhalt der Armee Contributionen und Requisitionen ausschreiben, mithin (nach der Sprache der Franzosen) keinen Krieg führen, sondern nur nöthige Sicherheits oder Erhaltungs Maßregeln treffen, und einen dauerhaften Frieden, nach seinen Wunsche, zu erzwingen. Anstatt daß

bißher alle civilifirten Nationen, ja felbſt die wilde-
ſten Völker bey ihren Befehdungen die Sache bey
ihrem Namen nannten, und eine Kriegserklärung
ergehen laſſen, ſo laſſen hingegen die Franzoſen
(bey ihren Kriegen) eine ſogenannte Friedenserklärung
oder vielmehr F r i e d e n s f o r d e r u n g ergehen, (daß
nemlich der bekriegte im Frieden bleiben d. i. keinen Widerſtand leiſten ſolle) damit ſie in alle mög-
lichen Staaten vorrücken können, wo es ihnen beliebt Stellungen einzunehmen, oder Contributionen
und Requiſitionen auszuſchreiben *).

§. 2.

In Folge einer ſolchen Erklärung (Beylage
Nr. 2.) iſt der Vortrab der Jourdaniſchen Armee
unter dem Commando des General V a n d a m m e
in der Nacht vom 28ten Februar zum 1ten März
über den Rhein gezogen und rückt bereits in der Be-
gleitung des Commiſſairs Rubler, und eines neu-
angekommenen, und mit dem Prädikat eines R e i c h s
E r e c u t i o n s C o m m i ſ ſ a i r s verſehenen, Nah-
mens Pierri, weiter vor. Eine andere Colonne hat

_____

(*) Man erinnere ſich, daß eine eben ſolche Friedenserklärung auch den Einfall in Aegypten begleitet hat. Es kann
aber in Deutſchland auch ein Abukir geben.

bey Freyburg im Breisgau den Rhein paßirt und
marschirt gegen die Waldstädte. Ein drittes Corps
hat sich der Stadt Mannheim bemächtiget: die Ca-
pitulation ist in Beylage Nr. 3. abgedruckt. Der
französische General übernimmt die Stadt, entwaf-
net die Garnison auf die entehrendeste Weise, behält
die Pferde und Waffen, fordert die Plans und
Karten der Festung, die Artillerie und Munition
(die zwar schon längst zur Vertheidigung der Festung Philippsburg, und der Citadelle Würzburg
verwendet worden) und erklärt gleichwohl, daß alles dieses keineswegs feindselig seyn solle, und daß
auch weder Contributionen noch Requisitionen ge-
fordert werden sollen: wovon nun die Bestätigung
wie auf dem unteren Theil des rechten Rheinufers,
wo eben solche Versprechungen feyerliche, Conventio-
nen und Verträge existirten, (von denen die Proto-
kolle der Reichsdeputation aufweisen, wie sie gehalten worden sind) zu erwarten ist.

§. 3.

Zu gleicher Zeit fordert der Minister General
Bernadotte (sich auf den Reichsfrieden stützend
der nächstens geschlossen werden solle) die Reichsfestung Philippsburg auf, in einem Brief, der in
der Anlage Nr. 4. als ein merkwürdiges Monu-
ment des französischen Völkerrechts und der gesun-

den Diplomatik des bereits in Wien bekannt ge=
wordenen Ambassadoren B. Bernadotte abgedrukt
ist. Bernadotte erklärt, daß weil der Kayser Trup=
pen in die Stadt Ulm verlegt, so wolle er Berna=
dotte die Festung Philippsburg besetzen. Er be=
hauptet, der Commandant könne dieselbe nicht ver=
theidigen; es sey seine Schuldigkeit solche den
Franzosen zu übergeben, eher als allfällige Hülfe
von der Kayserlichen Armee zu erwarten. Er meint
(was ihm ohne Zweifel besser als dem Comman=
danten bekannt ist) die Garnison sey für die Fran=
zosen gestimmt, und seye nicht gesonnen als Sol=
daten ihr Blut und ihr Leben aufopfern zu wollen.
Er kann ferners nicht genug wiederholen,
daß es abermal nicht als Feind sey, daß er diese
von einer Reichsgarnison besetzte Reichsfestung be=
gehre, sondern erklärt vor dem Angesicht des
Himmels, daß er sie dem Reich (das er nicht gefragt
und das ihm keinen Auftrag ertheilt hat) wieder=
geben werde, sobald die französische Regierung ge=
wiß seyn könne, daß das Reich diese Festung
gegen sein Oberhaupt zu vertheidigen im Stande
sey: d. h. mit anderen Worten, wenn es der franzö=
sischen Regierung beliebe, oder wenn ein Fall ein=
treffe, der gar nicht möglich und gedenkbar ist.
Endlich droht der menschliche General Berna=
dotte, der so sehr das Blutvergießen (nemlich das
der Franzosen) zu ersparen wünschet, daß er die

Stadt verbrennen und denjenigen fürchterlich stra=
fen werde, der sich ihm zu widersetzen erkühne, auch
die Wuth seiner Soldaten nicht aufhalten werde.
Sie wird sich, sagt er, ganz gegen den Urheber
dieser Widersetzlichkeit (den Commandanten) welcher
als Soldat seine Schuldigkeit thut, richten.

§. 4.

Mitten in diesem feindlichen Ueberfalle, der
so geeigenschaftet ist, daß bereits den 3ten mehrere
Wirtenbergische Ortschaften von dem französi=
schen Vortrabe besetzt, mit Requisitionen belastet
und geplündert wurden; bey der Einnahme ei=
ner wichtigen Stadt und der Aufforderung der
letzten Gränzfestung die noch dem Reiche übrig
bleibt: erklären die französischen Minister in Rastadt
durch eine Note vom 1ten März (Anlage Nr. 5.)
daß man in allem diesem keinen Krieg, sondern nur
Vorsichtsmaßregeln sehen solle, daß das Verlangen
der französischen Regierung nach Frieden (wie es
sich aus eben diesen und den vorigen Handlungen
zeigt) immer lebhafter und aufrichtiger wer=
de, und daß sie drauf beharre, ihn abzuschließen
wenn das Reich sich gegen den Marsch der Rußen
erkläre. Die franz. Minister bringen aber keine
Bedingungen in Vorschlag, unter denen sie (nach
ihrem Vorgeben) Frieden schließen wollen, und es
läßt sich auch leicht voraussehen was für ein Friede

(ohngefähr wie der mit Cisalpinien, Holland oder
dem König von Sardinien) unter solchen Umstän-
den und mit solchen Friedensbegriffen (wie die
Franzosen haben) entstehen würde.

§. 5.

Aus diesen verschiedenen auch für die Zukunft
und für alle Staaten lehrreichen Aktenstücken erge-
ben sich nemlich folgende klare und unverhohlen
angekündigte Resultate:

1o. Daß die Franzosen ohne sich weder an
Friedens noch andere Traktaten zu kehren, aller
Orten wo es ihnen beliebt, in feindliche und freund-
schaftliche Länder (unangefragt) eindringen wollen,
oder sich wenigstens nach der Proklamation des
Cit. Jourdan dazu das Recht anmaßen.

2o. Daß die Commißärs und die Commandanten der detaschirten Truppen von ihme Jourdan
bevollmächtiget werden, in allen diesen Ländern Requisitionen und Contributionen auszuschreiben, daß
den feindlichen Völkern und Regierungen (denen die
sich widersetzen werden) dafür nichts, den freundschaft-
lichen aber (denen die sich nicht widersetzen) papierne
Bons (abermal nichts) ausgeliefert werden sollen.
Die tägliche Erfahrung beweist aber nur zu sehr,

daß man gegen die Franzofen auch ohne ſich zu wi=
derſetzen,' durch Meynungen, Verwandſchaften,
durch Duldung von Emigrirten, durch den Druck
einer ihnen nicht gefälligen Zeitung, durch Geſetze
und Verfaßungen, am allermeiſten aber durch be=
ſitzendes Geld feindſelig geſinnt ſeyn kann, und
es iſt daher mehr als wahrſcheinlich, daß jene Län=
der (wenn einſt franzöſiſche Truppen darinn ſind)
allerley Feindſeligkeiten gegen Frankreich werden be=
gangen haben, und demnach als feindlich werden
erklärt und behandelt werden. Das Beyſpiel von
Lucca und von einigen Cantonen der Schweiz, wo
ſie auch als Freunde hinkamen, liefern davon unter
ſo vielen andern die aller neueſten Beweiſe.

3º. Daß vermittelſt dieſer (höchſt würdigen)
Maßregeln, die Franzoſen hoffen oder vielmehr for=
dern, es werde ſich in ganz Deutſchland niemand zur
Gegenwehr ſetzen, ſondern alles mitten im Stur=
me ruhig bleiben, und daß alle diejenigen, welche
ſich ihnen wiederſetzen oder der franzöſiſchen Armee
nicht das was ſie fordert lieferen, oder auch nur ihre
Perſonen und Eigenthum in Sicherheit ſetzen wol=
len, nicht etwa rechtlich bekriegt, ſondern gleich als
wären ſie Rebellen oder franz. Emigrirte, für ihre
Verwegenheit beſtraft werden ſollen.

4º. Daß wenn auch das Reich mit den Fran=
zoſen einen Frieden (nach ihrem Wunſche) abgeſchloß

fen hätte, es deswegen nichts besto minder französische Truppen und alle Drangsale des Kriegs (ohne Widerstand) erdulden müßte, zumal die franz.
Regierung, nach der Diplomatik des Minister Generals Bernadotte, nicht gewiß seyn könnte,
daß das Reich diesen Frieden zu vertheidigen im
Stande sey, mithin die französische Regierung solchen (ohne Zweifel vermög einer Allianz) selbst
übernehmen müßte.

§. 6.

In Gemäßheit aller dieser Vorgänge rückt
nun aber auch die Kayserliche und Reichsarmee
über den Lech vor, und wird jetzt ebenfalls diejenigen Stellungen einnehmen und diejenigen Vorsichtsmaßregeln treffen, welche die Umstände für Deutschlands Ehre und Erhaltung erfordern mögen. Der
Erzherzog Karl hat bey diesem Anlaß einen Ge-
neralsbefehl an sämtliche Herren Generals der Kai-
serl. und Reichsarmee (Beylage Nr. 6.) erlassen,
der die angehäuften Feindseligkeiten die Deutschland seit Jahr und Tag von den Franzosen erlit-
ten, darstellt, die Nothwendigkeit der hierseits getroffenen Vorsichtsmaßregeln beweist, und der auch
mit einer Würde und Kaltblütigkeit abgefaßt ist,
die den wahren Muth bezeichnet und die des deutschen Charakters würdig ist. Laßt uns hoffen,

daß sämmtliche Söhne Germaniens unter seiner Anführung erwachen, und ihres alten Ruhmes eingedenk die Ehre der Nation beyzubehalten, die prahlerischen Windbeuteleyen mit denen man sie bedrohen will, nach Verdiensten behandeln, und wenn es nöthig ist, einen Frieden, wie die Gerechtigkeit ihn will, mit Gewalt zu erzwingen wissen werden. Von den Thaten, die dieser junge Königliche Held bereits zum Ruhme Deutschlands verrichtet, läßt sich auf diejenigen schließen, die er, wenn es seyn muß, noch ferner verrichten wird. Haben wir nicht in Deutschland mehr als sechsmalhunderttausend Mann in Bereitschaft stehender Truppen, Mittel und Kräfte aller Art, die den Franzosen wohl noch die Stirne zu bieten vermögen. Allerdings läßt sich also erwarten, daß der würdige Schluß des Kur-Brandenburgischen Votum zur Wirklichkeit kommen werde, dem zufolge die Franzosen vorerst das rechte Rheinufer verlassen, Ehrenbreitstein räumen, die blutsaugenden Erpressungen gegen deutsche Völker einstellen sollen, Deutschland aber seine Unabhängigkeit nicht aufgeben, seiner Unterjochung nicht ruhig zusehen, weder alle Feindseligkeiten und die Brechung aller Traktaten, (wie dieses noch gestern der Fall im Würtenbergischen war) mehr erdulden, noch weniger sich von den Franzosen verbieten lassen werde, in seinen eigenen Staaten Truppen nach

Belieben zu verlegen oder auch die einer verbünde-
ten Macht in seinen Schooß annehmen zu können. ⸺

Beylagen.

Nro. 1.

RÉPUBLIQUE FRANÇAISE.

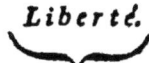 *Liberté.*    *Égalité.*

DIRECTOIRE EXÉCUTIF.

PROCLAMATION.

Les troupes de Sa Majesté l'Empereur, Roi de Hongrie et de Bohème, au mépris d'une convention conclue à Rastadt, le 11. Frimaire, an VI, ont repassé la rivière de l'Inn, et sont sorties des Etats héréditaires.

Ce mouvement a été combiné avec la marche des troupes russes, qui annoncent hautement qu'elles viennent attaquer, et combattre la République française, et qui se trouvent dans les Etats de l'Empereur.

Toujours fidèle à ses engagemens, toujours animé du désir le plus sincère de maintenir l'état de paix, toujours porté à supposer les mêmes senti-

mens à Sa Majesté l'Empereur, le Gouvernement
français lui a demandé une déclaration satisfaisante
sur cette marche de troupes russes, et sur le pas-
sage qui leur est accordé.

L'Empereur *a gardé le silence*: le Directoire exécutif se voit donc forcé par la nécessité d'une dé-
fense légitime, et par l'obligation imposée à tout
Gouvernement de pourvoir à sa sûreté, de faire
prendre aux armées françaises les positions que les
circonstances réclament. Mais il déclare que son
vœu pour la paix est inaltérable, et qu'au moment où Sa Majesté l'Empereur annoncera par une
déclaration amicale que les Russes ont évacué ses
Etats, et que ses troupes ont repris les positions
réglées par la convention de Rastadt, les armées
françaises rentreront dans leurs anciennes positions.

Approuvé par le Directoire exécutif, le deux
Ventose, an 7 de la République française, une et
indivisible.

Signé le Président du Directoire exécutif, L. M.
Revelliere Lepeaux; par le Directoire exécutif, *le Secrétaire général*, signé Lagarde.

Pour copie conforme,
Le Ministre de la guerre, *signé* Scherer.

Frdn:

Fränkische Republik.

Freyheit. Gleichheit.

Vollziehungs = Directorium.

Proklamation.

Die Truppen Ihro Majeſtät des Kaiſers, König von Hungarn und Böhmen, haben, troß einer, den 11ten Frimaire 6. zu Raſtatt getroffenen Uebereinkunft, wie= der über den Innfluß geſetzt, und ſind aus den Erblan= den heraus getreten 1).

Dieſe Bewegung ſteht mit dem Marſche der ruſſi= ſchen Truppen in Verbindung, welche es laut ſagen, daß ſie kommen, die fränkiſche Republik anzugreifen und zu bekämpfen, und welche wirklich in den Staaten des Kayſers ſtehen 2).

Immer den Verpflichtungen, die ſie auf ſich ge= nommen, getreu — 3) immer von dem aufrichtigen Ver= langen beſeelt, den Frieden zu erhalten — immer ge= neigt, die gleichen Geſinnungen in Ihro Majeſtät, dem Kaiſer, zu vermuthen — hat die fränkiſche Regierung eine befriedigende Erklärung über dieſen Marſch der ruſſi= ſchen Truppen und über den Durchgang, der ihnen be= willigt wird, begehrt.

B

Der Kayser hat nicht geantwortet 4). Das
Vollziehungs-Directorium sieht sich also durch die Nothwendigkeit einer rechtmäßigen Vertheidigung und durch
die Verpflichtung, die jede Regierung auf sich hat, für
ihre Sicherheit zu sorgen, gezwungen, die fränkischen
Armeen die Stellungen einnehmen zu lassen, welche die
Umstände erheischen 5). Sie thut aber die Erklärung, daß
ihr Wunsch nach Friede unwandelbar ist 6); und daß im
nämlichen Augenblick, als Ihro Majestät, der Kayser,
durch eine freundschaftliche Erklärung bekannt machen
wird, daß die Russen seine Staaten geräumt, und daß
seine Truppen wieder die Stellungen angenommen haben, die in der Uebereinkunft zu Rastatt bestimmt worden waren, die fränkischen Armeen auch ihrerseits wieder
ihre bisherige Stellungen einnehmen werden 7).

Genehmigt von dem Vollziehungs-Directorium,
den 2ten Ventose im 7ten Jahre der in Einheit und Un-
zertrennlichkeit bestehenden fränkischen Republik.

Unterschrieben: der Präsident des Vollziehungs-
Directoriums, L. M. Revelliere-Lepeaux; auf
Befehl des Vollziehungs-Directoriums, der General-
Secretär, Lagarde.

Die Treue der Abschrift bezeuget
der Kriegs-Minister Scherer.

Bemerkungen zu dieser Proklamation.

1) Quid inde! Die Truppen des Direktorii sind hingegen trotz eben derselben Uebereinkunft in die Schweiz getreten, haben Ehrenbreitstein aufs strengste blokirt, die brave Besatzungsmannschaft und die ruhigen Bewohner des Thals dem Hunger geopfert, sich zuletzt in den Besitz der Festung gesetzt, und nach der erzwungenen Einnahme, die Festungswerke ausgebessert, und erweitert. Die französische Kriegsmacht wurde im Inneren durch die gewaltsamsten Konskriptionen vermehrt und Frankreich hat durch die bedrohlichen Truppenmärsche, die Schutz- und Trotzbündnisse mit Cisalpinien und Helvetien und besonders durch die Reklamation von 18000. Mann Helvetischer Hilfstruppen die feindliche Absichten nur zu deutlich an Tag gelegt. — Das Direktorium scheint seiner Meinung nach Kayser geworden zu sein, in dem es das Recht behauptet, Truppen ins deutsche Reich und in deutsche Festungen zu verlegen, dem Kayser aber solches verbieten will.

2) Hinc illæ lacrimæ! Das Direktorium möchte vorerst die Russischen und dann vermuthlich die Kayserlichen Truppen selbst entfernen, um in seinen ferneren Unterjochungspläsnen (die es dauerhafte Frieden nennt) ungehindert fortfahren zu können.

3) !!! Zum Beweise dessen hat sie alle Verträge ohne Ausnahm gebrochen und mit Füßen getreten; ja selbst die Maxime aufgestellt, nur das zu halten was ihr vortheilhaft ist. Z. B. mit Turin, dem Pabst, Neapel, dem Kayser und Reich ꝛc. Das ist die fides Gallica die schon Cäsar kannte.

4) Weil eine solche Insolenz, nach allen ihren bereits verübten Handlungen, keiner Antwort würdig ist. Zudem haben die Franzosen über so viele Begehren die an sie wegen Ehrenbreitstein und den Bedrückungen am rechten Rheinufer gemacht worden, auch nicht geantwortet.

5) Also Krieg zu führen und solches für Frieden angeben.

6) Ja zu einem Frieden wie der mit Holland, Cisalpinien, mit der Schweiz. u. f. w.

7) D. h. Kayser und Reich sollen vorerst den Befehlen des Direktorii gehorchen, ihre Kräfte schwächen, und es dann auf Gnad und Ungnad des französischen Direktorii und französische Treu¹ ankommen lassen; auch erwarten ob nicht ein anderer Vorwand kommen würde, um fernere Stellungen einzunehmen, und die jetzigen beyzubehalten.

Nr. 2.

RÉPUBLIQUE FRANÇAISE.

Liberté.   *Égalité.*

*Au Quartier-général de l'armée de Mayence, le 10 Ventôse,
an VII. de la République française, une et indivisible.*

LE GÉNÉRAL EN CHEF, A L'ARMÉE.

SOLDATS,

Au mépris d'une convention solemnelle, les troupes de l'Autriche ont franchi, *les premières*, la ligne de démarcation tracée ; l'Empereur, trompant les dispositions pacifiques du Gouvernement français, a appelé au sein de l'Allemagne *des étrangers armés*, moins connus par quelques succès militaires que par leur brigandage dans les dernières guerres ; et pendant que, scrupuleux observateurs de la foi des traités, vous demeuriez derrière vos lignes dans une attitude fière, mais paisible, ce Prince osait combiner des mouvemens hostiles avec ses nouveaux alliés, et prendre, à la faveur d'un silence perfide, tous les avantages que lui laissait votre sécurité. Cette infraction manifeste, cet outrage fait à la foi publique, respectée de toutes les nations policées, a forcé enfin le Directoire exécutif à user de repré-

sailles : il a tout fait pour la paix ; mais, si l'on veut
la guerre, il la fera. Soldats, sortons de nos lignes,
et rentrons dans la carrière que vous avec parcourue
jusqu'ici avec tant de gloire !

Nous combattrons, fi nous trouvons des obfta-
cles à prendre les positions militaires sur les - quelles
l'armée s'avance; nous combattrons, fi l'Empereur
n'exécute pas promptement et ftrictement la convention qui exifte : mais, fidéles au systéme de modéra-
tidn qui jusqu'à présent a caractérisé la nation française,
nous rétrograderons, nous rentrerons dans nos premières lignes, aussitôt que la République aura reçu la
satisfaction qu'elle a le droit d'attendre.

Soldats, en reprenant les armes, rappelez - vous
que le fléau de la guerre ne doit peser que sur les
ennemis de la République : votre gloire serait effacée,
vos lauriers seraient flétris, les vœux de vos ennemis seraient remplis, fi vous vous portiez à des excès
condamnables. Vous le savez, vos ennemis ont em-
ployé toutes les manœuvres pour armer les peuples
de l'Europe contre le peuple français. Que votre
conduite démente l'effet de ces bruits perfides ! Sou-
venez - vous toujours que l'Armée doit respecter les
propriétés générales et particulières, et que tout désor-
dre sera réprimé avec force et puni avec sévérité.

C'est vous surtout, Officiers supérieurs, Chefs
de corps, Commandans, que je rends personnelle-
ment responsables de la ftricte exécution des inten-
tions du Gouvernement et des miennes. Maintenez

la plus exacte discipline, veillez aux besoins des
troupes qui sont sous vos ordres; surveillez-les
sans cesse; et si quelque Soldat oubliait ses devoirs,
dites-lui que toute action lâche est indigne du nom
français; rappelez-lui qu'il souillerait la gloire des
armées de la République, et sans doute il rentrera
dans l'ordre.

Animé des principes de justice et d'équité, le
Directoire exécutif m'ordonne de vous prévenir
que son intention formelle est de rembourser aux
peuples et aux gouvernemens amis de la République,
les fournitures que les besoins imprévus de l'armée
pourraient exiger; qu'à cet effet, il est nécessaire
qu'il soit délivré, avec la plus scrupuleuse exacti-
tude, des *bons* de tout ce qui sera requis et fourni
à l'Armée. En conséquence, pour empêcher les abus,
je vous préviens en même temps, que le Commis-
saire-ordonateur en chef, d'après l'autorisation qu'il
recevra de moi, aura seul le droit de frapper toute
espèce de réquifitions; que cependant les Généraux,
ou Commandans des troupes détachées, pourront frapper des réquisitions motivées sur des besoins *d'urgence*,
mais qu'il m'en sera de suite adressé copie; que pour
centraliser la comptabilité, ces réquisitions devront
toujours être faites, autant que possible, aux Ma-
gistrats supérieurs; que dans tous les cas, les Gé-
neraux ou Commandans de troupes détachées devront délivrer aux Bourguemaitres ou Baillis des *bons*
de tout ce qui aura été fourni; enfin que jamais on
ne devra se permettre de rien enlever de vive force
chez aucun particulier. Je le répete, toute contra-

vention au présent ordre sera punie avec la dernière
sévérité: mais, je l'espère, Soldats, vous éviterez
cette peine à votre Général,.

Au moyen de ces dispositions justes et loyales,
dignes de la nation française, les habitans de la Ger-
manie, rassurés contre les bruits propagés par la
malveillance de nos ennemis, resteront calmes au
milieu de l'orage; j'espère qu'ils sentiront que le meil-
leur parti qu'ils pourront prendre pour conserver leurs
propriétés, sera celui ,d'y demeurer en paix. Mais
si au contraire, et malgré l'engagement que je prends
envers eux, l'armée française trouvait les villes dé-
sertes es les villages abandonnés, fi ces habitans s'op-
posaient à sa marche, ou se refusaient à lui procu-
rer les secours qui sont en leur pouvoir; alors, je
le déclare avec la même franchise, je prendrais d'autres mesures pour. les punir et les faire repentir de
leur témèrité.

Le Général en Chef, signé JOURDAN.

Pour copie conforme:

Le Général de Division, Chef de l'Etat-major général,
signé ERNOUF.

Fränkische Republik.

Freyheit.　　Gleichheit.

Im Hauptquartier der Mainzerarmee, den 10ten Ventose, im 7ten Jahre der in Einheit und Unzer-
trennlichkeit bestehenden fränkischen Republik.

Der Ober-General
an die Armee.

Soldaten!

Trotz einer feyerlichen Uebereinkunft, haben die österreichischen Truppen am ersten die gezogene Demarkationslinie überschritten 1). Der Kaiser hat die friedlichen
Gesinnungen der fränkischen Regierung getäuscht, und
hat ins Innere Deutschlands bewaffnete Fremde
gerufen 2), die in ihren letzten Kriegen, nicht sowohl
durch einige Vortheile, die sie sich erfochten, als vielmehr durch ihre Räubereyen sich bekannt gemacht haben 3); und während dem ihr in gewissenhafter Beo-
bachtung der Verträge in stolzer aber friedlicher Stellung
hinter euren Linien bliebet 4) unterwand sich dieser Re-
gent, feindliche Bewegungen mit seinen Bundsgenossen
zu verabreden, und unter der Begünstigung eines treulosen Schweigens sich alle Vortheile anzumaßen, die
ihm eure Sorglosigkeit gestattete. Dieser offenbare Bruch

der Verträge, diese förmliche Verletzung der öffentlichen, von allen gesitteten Nationen geehrten Treue, hat endlich das Direktorium gezwungen, Repressalien zu gebrauchen. Es hat alles für den Frieden gethan 5); will man aber den Krieg, so versteht es sich auch dazu. Soldaten! Laßt uns unsere Linien verlassen, und wieder die Laufbahn betreten, die ihr bis hieher mit so vielem Ruhme durchlaufen habt!

Streiten wollen wir, wenn man uns verhindern will, die militärischen Stellungen anzunehmen, denen die Armee entgegenrückt; streiten wollen wir, wenn der Kaiser nicht schleunig und pünktlich die getroffene Uebereinkunft erfüllt 6). Aber, treu den Grundsätzen der Mäßigung die bisher der fränkischen Nation eigen waren 7) werden wir wieder umkehren, um uns hinter unsere ersten Linien zurückzuziehen, so bald die Republik die Genugthuung 8) wird erhalten haben, die sie zu erwarten berechtigt ist.

Soldaten! Indem Ihr nun wieder zu den Waffen greifet, so erinnert euch, daß das Ungemach des Krieges nur die Feinde der Republik treffen soll. Euer Ruhm wäre dahin, eure Lorbeern würden verwelken, der Wunsch eurer Feinde wäre erfüllt, wenn ihr euch zu sträflichen Ausschweifungen dahin reissen ließet. Ihr wißt es: eure Feinde haben alle Kunstgriffe gebraucht, um die Völker Europens gegen das fränkische Volk zu bewaffnen. Euer Betragen mache diese treulosen Gerüchte zu Schanden! Vergeßt nie, daß die Armee sowohl das Staats, als auch das Privat-Eigenthum heilig halten soll 9), und daß jede Unordnung aufs nachdrücklichste verboten und aufs ernstlichste bestraft werden muß.

Euch besonders ihr Ober = Offiziere, Chef's der ver=
schiedenen Truppen=Corps, Commandanten, mache ich
persönlich für die genaue Befolgung des Willens der
Regierung, der auch der meinige ist, verantwortlich.
Beobachtet die strengste Mannszucht: sorgt für die Be=
dürfnisse der Truppen, die unter euern Befehlen ʲstehen:
habt ein streuges Auge auf sie; und wenn irgend ein
Soldat seine Pflichten vergessen sollte, so sagt ihm, daß
jede Niederträchtigkeit des fränkischen Namens unwür=
dig ist; erinnert ihn daran, daß er den Ruhm der re=
publikanischen Armeen beflecken würde: gewiß wird er
dann zur Ordnung zurückkehren.

Von den Grundsätzen der Gerechtigkeit und der Bil=
ligkeit beseelt, befiehlt mir das Vollziehungs = Direktorium,
euch zu wissen zu thun, daß es seine eigentlichste Wil=
lens = Meynung ist, den Völkern und Regierungen, wel=
che Freunde der Republik sind, die Lieferungen zu vergüten
welche die unvorhergesehenen Bedürfnisse der Armee nöthig
machen könnten; daß demnach mit der pünktlichsten Ge=
nauigkeit für alles, was requirirt und der Armee gelie=
fert werden wird, Bon's (Vergütungs = Versicherungen)
ausgestellt werden müssen. Um nun jedem Mißbrauche
zuvor zu kommen, erkläre ich euch hiermit, daß der
Ober=Commissär = Ordonnator, der Vollmacht zufolge,
die er deßhalben von mir erhalten wird, allein das Recht
haben soll, Requisitionen auszuschreiben; daß jedoch die
Generäle oder die Commandanten detaschirter Truppen
im Nothfall Requisitionen ausschreiben dürfen, aber
darinn diesen Nothfall erhärten, und augenblicklich eine
Abschrift davon mir zuschicken müssen; daß, um das
Rechnungswesen, so viel möglich auf einen Punkt zu
lenken, diese Requisitionen immer, wenn es seyn kann,

an die höheren Magiſtratsperſonen gerichtet werden ſollen; daß in jedem Falle die Generále oder die Commandanten detaſchirter Truppen, den Bürgermeiſtern oder
Amtleuten für alles, was ihnen geliefert worden iſt,
Bon's ausſtellen ſollen 10); endlich, daß man ſich nie
erlauben ſoll, irgend etwas bey einem Partikularen mit
Gewalt wegzunehmen. Ich wiederhole es; jede Ueber-
tretung des gegenwärtigen Befehls wird mit der größ-
ten Strenge geahndet werden. Doch ich lebe der Hoff-
nung, Soldaten, ihr werdet euerm General dieſen Ver-
druß erſparen.

Vermittelſt dieſer gerechten und redlich gemeynten, der
fränkiſchen Nation würdigen, Verfügungen werden Deutſchlands Bewohner, über die von der Böswilligkeit unſerer
Feinde ausgeſtreuten Gerüchte beruhigt, ſich mitten im
Sturme ruhig verhalten. Ich hoffe, ſie werden einſehen,
daß ſie, um ihr Eigenthum zu behalten, nicht beſſer thun
können, als im Frieden auf demſelben zu verbleiben.
Sollte hingegen, und der Verpflichtungen ungeachtet,
die ich gegen ſie auf mich nehme, die fränkiſche Armee
die Städte und die Dörfer verlaſſen finden; ſollten dieſe
Landesbewohner ſich uns entgegenſtellen, oder ſich wei-
gern, der Armee die Hülfsleiſtungen zu thun, die in ihrer Gewalt ſtehen; dann werde ich, ich thue mit der gleichen Freymüthigkeit dieſe Erklärung, andere Maßregeln
ergreifen, um ſie zu ſtrafen, und ſie ihre Verwegenheit
bereuen zu machen 11).

Der Ober-General Jourdan.

Die Treue der Abſchrift bezeugt
Der Diviſionsgeneral, Chef des Obergeneralſtabs,
Ernouf.

Bemerkungen zu der Jourdanischen Proklamation.

1) Die Besitznahme der Festung Ehrenbreitstein soll unter so vielen andern Attentaten auch keine Ueberschreitung der Demarkationslinie seyn. Indem meynen ohne Zweifel die Franzosen, diese Demarkationslinie sey nur deßwegen angenommen worden, damit sie alle umringende Reichs und andere Länder bekriegen, revolutioniren, unterjochen und dann von neuem den Krieg anfangen können.

2) Der Kapser hat zu seinem Schutz bewafnete Verbündete in in seine Staaten gerufen; das Direktorium aber hat ungerufen bewafnete Franzosen in fremde Länder und deutsche Festungen geschickt, und damit die deutschen und österreichischen Staaten umringen lassen. Das sind des Direktorii seine friedfertigen Absichten.

3) Auf diese Insolenz wird der Kapser von Rußland antworten. Die Franzosen aber rauben bekanntlich nichts! Sie haben in der Schweiz, in Italien, in Holland, in Deutschland nichts geraubet. Denn alles was sie rauben ist, wie sie sagen, ihr Eigenthum.

4) Diese friedlichen Stellungen in denen die Franzosen geblieben, sind: die Einnahme der ganzen Schweiz und die Umringung der schwäbischen, tyrollischen und venetianischen Gränzen mit einer starken Armee; die schon längst erfolgte nie aufgehobene Wiederbesetzung des rechten Rheinufers; die Bloquade und Aushüngerung der Festung Ehrenbreitstein, die Eroberung und Unterjochung von Piemont, Rom, Neapel u. s. w. Man wünschte die Verträge zu sehen die ihnen gestattet hätten, diese Stellungen einzunehmen, oder fordert den Beweis daß sie, solche bey dem Frieden von Campo Formio schon im Besitz gehabt hätten, und nur darinn friedlich geblieben seyen.

5) Nebst obigen Thatsachen und den Negotiationen, die darauf abzielten ohne Krieg ganz Deutschland zu unterjochen, zeigen sich diese friedfertigen Gesinnungen aus dem Unter-

sochungstraktat mit der Schweiz, wo sich die Franzosen eine Kriegsstrasse vorbehalten haben, um die Rheingränze zu umgehen und Tyroll anzufallen; aus dem von der Schweiz geforderten Hilfskorps von 18000. Mann, gegen den Feind den man ihr anzeigen werde; aus den oft angekündigten Revolutionsabsichten deutscher Staaten; aus der Conscription von 200,000. Mann, und der Zusammenziehung zahlreicher Armeen an die Gränzen des friedlichen und fast wehrlosen Deutschlands; aus der Zusammentreibung so vieler Cisalpinier, Ligurer, Römer, ausgewanderter Polaken ꝛc. ꝛc. Diese leztere nennen sie ihre Verbündete, Kayser und Reich aber sollen keine Verbündete haben dürfen.

6) Was dieß sagen wolle, ist schon in der Einleitung und bey der Proklamation des Direktorii erläutert worden.

7) Diese Mäßigung die man den Franzosen auf ihr Wort glauben soll, bestund bekanntlich zu Rastadt darinn: 1) einen gebieterischen Ton anzunehmen, wie er noch nie zwischen unabhängigen Staaten erhört worden ist. 2) Alles zum voraus für sich zu begehren und sogleich zu vollziehen, aber nicht in einem einzigen Punkt nachzugeben, als mit ausweichenden, die Sache wieder zerstörenden Vorbehalten, 3) Deutschland zu entzweyen und wehrlos zu machen, mitten im Frieden mit ihren Feindseligkeiten fortzufahren, auf alle Vorstellungen nichts zu antworten, Prätensionen auf Prätensionen folgen zu lassen, deren Ende nur mit der gänzlichen Zernichtung von Deutschland abzusehen war, und zulezt nachdem man alles nachgegeben hatte, Deutschland mit Truppen zu überschwemmen.

8) Genugthuung! daß man Truppen in seinen eigenen Staaten hält, und seine Festungen besezt! Geduld B. Direktoren ihr habet noch nicht die Oberherrschaft über Kayser und Reich.

9) Contributionen und Requisitionen aller Art auszuschreiben, Magazine und Zeughäuser auszuleeren, heißt also in der Sprache der Franzosen das Eigenthum nicht verletzen.

10) Was dieß alles sagen wolle, ist jedermann aus Erfahrung bekannt und auch in der Einleitung angemerkt worden. Zu mehreren Beweisen ward noch gestern laut officiellen Berichten Freudenstadt im Würtembergischen ganz ausgeplündert.

11) Deutschland soll sich also überfallen, ausplündern, unterjochen lassen, und mitten in diesem Sturme ruhig bleiben. Es scheint B. Jourdan möchte nicht gern ein zweytes Würzburg finden.

Nro. 3.

Reddition de la place de Manheim

faite sur la sommation du Général de Brigade Ney, par M. le Lieutenant Colonel Gouverneur de Manheim, le 12. Ventose an 7.
à cinq heures du matin, correspondant au
2. Mars 1799. stipulée d'après les articles
ci - après.

Reponse.

Accordé.

Art. 1.

Les portes de Rheinthor,
de Necarthor et Heidelber-
gerthor seront mises à la
disposition des troupes de
la république française à
neuf heures du matin pré-
cises.

Reponse.

Les troupes de la gar-
nison déposeront leurs
armes dans une Chambre
des Casernes et la clef en
sera remise à la garde
des troupes françaises.

Art. 2. La garnison dé-
posera ses armes sur la
place en présence d'un dé-
tachement du 8me Regi-
ment de Dragons, à l'heure
indiquée à l'article précé-
dent, pour l'occupation
des portes.

Reponse.

Convenu.

Art. 3. Les hommes qui
composent la garnison ,
étant

étant en partie invalides et
recrues, resteront à Man-
heim jusqu'à ce que le
Général Bernadotte en dis-
pose autrement.

Reponse.

On espère que le Gé-
néral en chef dans le cas
où les troupes Palatines
se trouvent obligées de
sortir de Mannheim pour
se rendre ailleurs, per-
mettra qu'elles sortent
avec armes et bagages.

Art. 4. Les officiers,
sous - officiers et soldats se
retireront, dans tous les cas,
où ils le jugeront à pro-
pos; les officiers avec leurs
armes et bagages, et les
subalternes avec leurs ef-
fets d'habillement.

Reponse.

La reponse de l'article
4. est attribuable à celui-
ci.

Art. 5. Les Chevaux
de la cavallerie resteront
remis dans une seule Ecu-
rie soignés par les cava-
liers palatins, et sous la
surveillance d'un détache-
ment du 8me Regiment de
Dragons. Le Général 'en
chef Bernadotte donnera à
cet effet une décision dé-
finitive.

Reponse.

Il n'en existe point.

Art. 6. M. le Gouver-
neur ordonnera à l'officier
commandant en chef le gé-
nie, de faire remettre entre les mains du Citoyen

C

André Capitaine du génie
au service de la Republi-
que, les plans, Cartes, me-
moires et autres pieces ré-
latives à la place.

Reponse.

.Il n'en existe point.

Art. 7. Il sera remis
également par le gouver-
neur au dit André un Etat
détaillé des munitions exi-
stantes tant des bouches à
feu, que des fusils et autres armes, qui pourront
se trouver dans l'arsenal.

Le présent fait double à
Manheim le même jour,
mois et an que dessus.

Signé: Le Général de
Brigade N E Y.

Le citoyen Général Ney a bien voulu donner la
déclaration, que le gouvernement français n'avait
aucune vue hostile concernant la ville et les habitans de Manheim, ainsi que le pays de la rive droite
du Rhin et les habitans dépendans de l'Electeur,
qu'il n'y sera fait aucune requisition, contribution,
où imposition quelconque, ni levé aucun Emprunt
forcé, et que les Ministres et les autorités consti-
tueés pourron exercer leurs fonctions, qu'ils ont
fait par le passé, que les Cultes et les proprietés
ainsi que tous les droits des habitans, et leurs per-
sonnes seront respactés, que la garnison sera mise
en quartier aux Casernes, et quil sera pourvu à sa
subsistance moyennant les magazins militaires français.

Uebergab der Stadt Manheim

auf die Aufforderung des Brigadengeneral Ney durch den Herrn Gouverneur Oberstlieutenant von Manheim den 12ten Ventose des 7ten Jahrs (2. März 1799) um 5 Uhr Morgens, welche auf folgende Artikel abgeschloßen worden.

Antwort
(des Kommand.von Manheim)
Bewilliget.

Art. 1.

Sollen bis Morgens um 9 Uhr die Thore vom Rhein, Neckar und Heidelberg den Truppen der franz. Republik zu ihrer Disposition übergeben werden.

Antw. Die Truppen der Garnison werden ihre Waffen in einer Stube der Casernen niederlegen, und der Schlüssel dazu wird den franz. Truppen eingehändigt werden.

Art. 2. Solle die Garnison auch zu gedachter Stunde in Gegenwart eines Detaschements von 8. Dragoner Regiment die Waffen an einem ihnen angewiesenen Platz niederlegen.

Ant. Bewilliget.

Art. 3. Sollen alle diejenigen, die die Garnison formiren, und theils in Invaliden, theils in Rekruten bestehen, in Manheim bleiben, bis der General Bernadotte anders über sie; disponiren wird.

Antw. Man hoft daß der en Chef commandirende in dem Fall da die pfälzischen Truppen genöthiget wären Manheim zu verlassen um sich anderswohin zu begeben mit Waffen nnd Bagage abziehen dürfen.

Antw. Die Antwort auf den 4ten Artikel wird auch bey diesem gelten.

Antw. Es giebt keine.

Antw. Es ist nichts mehr vorhanden.

Art. 4. Die Offiziers, Unteroffiziers und Soldaten können sich in jedem Fall hinbegeben wohin sie wollen, die Offiziers mit Waffen und Bagage und die Gemeinen mit ihren Kleidungsstücken.

Art. 5. Sollen alle Pferde der Cavallerie unter Aufsicht der Pfälzer und einem Detaschement vom 8ten Dragonerregiment in einem einzigen Stall in Verwahrung gebracht werden. Der General Bernadotte wird hierüber eine endliche Entscheidung geben.

Art. 6. Solle der Gouverneur allen Offizieren den Befehl ertheilen, dem Bürger Andre, Capitain in Diensten der franz. Republik, alle Plane, Karten, und andere Schriften, die wegen diesem Platz verfertiget worden sind, einzuhändigen.

Art. 7. Solle gleichfalls durch den Gouverneur dem B. Andre ein richtiges Verzeichniß von allen sich noch

vorhanden befindlichen Mu-
nizionen, ferner von allen
Waffen, sie mögen Namen
haben, wie sie wollen, die
sich noch in dem Zeughause
befinden, übergeben werden.

Unterzeichnet: der Brigadengeneral Ney.

Anhang.

Der Bürger General Ney hat geneigtest die Erklärung
geben wollen, daß die französische Regierung gegen die
Stadt und die Einwohner von Manheim wie auch gegen
die auf dem rechten Rheinufer gelegene Kurpfälzische
Länder keine feindseligen Absichten habe, daß keine Requisitionen Contributionen oder andere Auflagen noch ge-
zwungene Anlehn werden ausgeschrieben werden, und
daß die Minister und die eingesetzten Obrigkeiten ihre
Verrichtungen wie bisher fortsetzen können, daß der
Gottesdienst und das Eigenthum so wie alle Rechte der
Einwohner und ihre Personen werden respektirt werden,
daß die Garnison in den Casernen einquartirt und für
ihre Erhaltung mittelst der französischen Militär-Ma-
gazine wird gesorget werden *).

---

*) Es läßt sich nun erwarten wie alles dieß (üblicher maßen)
werde gehalten werden. Bernadotte hat bereits die Capitu-
lation nicht genehmiget. Die Stadt erhält 4000 Mann
Garnison und wird bey den Bürgern einquartirt und verpflegt.

Nro. 4.

Au Quartier général de
le 12. *Ventose an* 7. *de la Ré-*
publique française.

BERNADOTTE Général en chef de l'armée d'ob-
servation à Monsieur le Général Commandant la forteresse de Philippsbourg.

Le Gouvernement autrichien vient, Monsieur le
Général, au mépris du traité de Campo formio de
faire occuper la forteresse d'Ulm 1). Cet attentat
me porte, à mettre garnison dans la forteresse, que
vous commandés. Vainement, Monsieur le Général,
tenteriés vous de vous y opposer : vous ne le pouvés
point par aucunes raisons 2). D'abord vôtre garnison n'est pas assés forte pour soutenir une escalade,
et la paix entre la République françsise, et l'Empire
germanique, qui est sur le point d'être signée, vous
precrit d'éviter, que le sang coule, en me remet-
tant un dépot, que vous ne pourriés pas préserver
des tentatives de l'armée autrichienne 3). Je ne
pense pas, Monsieur le Général, que vous désiriés
la remettre par préferençe à cette armée: si cela
étoit, je puis vous assurer, qu'elle est assés éloi-
gnée pour vous porter de longtems les plus legers
secours. L'armée commandée par le Général Jourdan traverse en ce moment les montagnes noires,
et va la chercher dans l'interieur de la Baviere 4).

Je dois plus vous dire Monsieur le Général! je
sais, que vôtre garnison est mécontente, que les
Officiers sont trop sages et trop éclairés, pour ré-
pandre leur sang au gré du caprice et des fantai-
sies de quelques hommes extravagans, et que les
soldats n'attendent, que le signal de l'attaque,
pour déclarer leur volonté. Les habitans prêts à
voir leurs maisons dévorées par les flammes, pren-
dront aussi bientôt leur parti. L'artillerie de Lan-
dau, qui s'avance pour embraser leur ville, leur
fournira le prétexte, qu'ils attendent depuis longtems, pour forcer le Commandant à en remettre les
clefs 5).

L'exemple terrible, que le Général Mack a don-
né à tous les hommes, qui comme lui conduisent
les soldats aux combats malgré eux, doit, Monsieur
le Général, vous fournir matière à de terribles ré-
flexions. Sans avoir besoin de tous ces avantages,
l'armée que je commande, en a d'assez suffisans
pour vous réduire. Je désire que vôtre obstina-
tion ne m'oblige pas à verser le sarg humain, ni
à porter la désolation parmi les innocentes victimes,
qui se trouvent habiter Philippsbourg 6).

Je ne saurois trop vous répéter, Monsieur le
Général, ce n'est pas comme ennemi, que je veux
mettre garnison dans vôtre place, bien loin delà,
j'ai la ferme intention de la conserver à l'Empire
germanique, et je prends la résolution à la face de
l'univers, de la lui remettre sitôt que le Gouvernement français pourra avoir acquis la certitude, que
l'Empire peut la défendre contre l'ambition de la

Maison d'autriche 7). Vous tenez Monsieur le Général, à vous seul la vie de beaucoup d'hommes,
et l'existence des habitans de Philippsbourg, vous
en devez compte non seulement à vos contempo-
rains, mais encore à la posterité, qui vous jugera.

Pour moi, si vous me forcez, à escalader vos
remparts, j'y parviendrai sans doute, parceque les
hommes que je guide 8) et les moyens, que j'ai
réunis, me l'assurent: mais le châtiment sur celui
qui en aura été l'objet sera épouvantable, parce-
qu'il aura voulû se constituer en guerre avec la
République française, je n'arrêterai point non plus
la fureur des soldats, elle se dirigera toute entière
contre lui 9).

J'ai l'honneur de vous saluer.

Signé: BERNADOTTE.

Bemerkungen zur vorstehenden Aufforderung.

1) Hier ist also der Grund, weil der Kayser eine (.60 Stun-
den von den französischen Gränzen entfernte) teutsche Festung beseßt hat. Dieß ist ein Attentat, denn die Franzosen
sind der Kayser und wollen deßwegen in alle teutsche Festungen Garnison legen. Die Franzosen müßen aber ihre
Vorwände noch nicht ganz im Reinen haben. In der
Proklamation des Direktoriums wird geklagt, daß die Kayserliche Armee über den Inn geseßt, in deren von Jourdan
daß er die Rußen in seine Staaten gerufen, und in der
von Bernadotte, daß er Ulm beseßt habe. (Schöne Ein-
stimmigkeit.)

2) Der Minister General Bernadotte möchte gern eine Fahne
in Philippsburg aufstecken, so wie er sie auch in Wien hat
aufstecken wollen, gleich als ob es seine Festung wäre. Er
glaubt ohne Zweifel, man habe Philippsburg nur deßwegen
mit Artillerie, Munition, Lebensmitteln und einer ansehn-
lichen Besaßung versehen laßen, um alles das sogleich dem
Minister General auf seine erste motivirte militairisch
diplomatische Demonstration zu übergeben.

3) Sachte Bürger Doktor Minister General. Bey einem Minister wird historische Kenntniß vermuthet. Kayser und
Reich sind noch nicht Feinde, und leßteres hat die Franzosen noch nicht für das Reichs-Oberhaupt anerkannt. Denn
dem Herrn Minister muß schon aus den Grundsäßen des
allgemeinen Staatsrechts bekannt seyn, daß hierzu ein Un-
terwerfungsvertrag (pactum subjectionis) erforderlich ist.

4) Dieses ist jeßt deutlich und bestimmt, wie von einem Soldaten ohne diplomatische Schminke gesprochen. Aber zu
besorgen ist es, daß weil der Herr Doktor Minister hier
in der Einkleidung der Sache gar zu unglücklich ist, er von
dem Direktorium werde abgerufen werden. Wenn Jourdan
nach der Ankündigung des General Ministers die kayserliche
Armee suchen wird, so müßte die Geschichte dem Hr. Mi-

nifter schon der Spiegel über das vorhalten, wie er sie sin=
den wird.

5) Der Commandant der Festung Philippsburg wird dem Hr.
Doktor (von Gießen) mit Kanonen zu erkennen geben, welchen
Glauben er dem ministeriellen Vortrage beplegt. Die Garnison
in Philippsburg besteht nicht aus französischen Rekruten, die
wie wilde Thiere in den Wäldern verfolgt, gebunden und
gefangen, oder an Handschellen gekettet nach Philippsburg
sind geführt worden. Die Garnison ist aus Soldaten zu=
sammen gesetzt, die alle in den Ländern zu Hause sind, wo
man die schöne französische Freundschaft genoßen hat, mithin
kennen lernten, was ihr zu vertheidigen ist. Was den
Punkt der Verbrennung und Verheerung be=
trifft, so beweißt dieses daß der Herr Minister wenigstens kein
Doktor philosophie oder theologie ist, denn hier vermißt man
die ersten Grundsätze von beyden, da nach einem solchen Raison=
nement nicht derjenige schuld an der Verheerung ist, der sie
mitten im Frieden verübt; sondern derjenige, der sich der=
selben zu wiederseßen die Pflicht hat.

6) Hier wieder ein großer logischer Schnitzer, und zugleich Be=
weis, daß der Herr Minister auch kein Statistiker ist, in=
dem er den Unterschied zwischen Deutschen und Neapolita=
nern nicht einmal kennt. Ein Minister muß bescheiden
seyn, und nicht mit Prahlereyen eine Uebergabe zu erwir=
ten suchen.

7) Auch ein Beweiß, daß der Herr Minister kein Doctor ju=
ris ist, indem er sonst wissen müßte, daß ein Depositair
(depositarius) einen Auftrag vom Eigenthümer haben
müße; und sich nicht selbst zum Richter machen kann, wenn
er es widergeben wolle. Dieses gehört zur juristischen Lo=
gik eines Cartouche und Mandrin, welche auch erklärten,
das geraubte den Eigenthümern zurückgeben zu wollen, so=
bald sie die Gewißheit werden erhalten kön=
nen, daß es ihnen kein anderer je nehmen werde.

Wenn man aber diese ganze Erklärung des Ministers Ge=
neral von der tief diplomatisch unwundenen Einkleidung
entblößt, so läuft dieselbe auf folgendes hinaus: Das Reich
soll (weil es die Franzosen gebieten) dem Kayser den Krieg
machen; den Franzosen aber soll man zu dem Ende nur Land,
Leute, Festungen und Geld übergeben, damit sie das Reich
nach ihrer Art (wie etwa Holland) schützen können.

8) Wahrscheinlich nicht jene Soldaten von Teiningen und
Neumark.

9) Das erste Requisit zu einem Minister ist Menschenkenntniß
zu besitzen, und dieser ist so wenig mit dem Gange des
menschlichen Herzens bekannt, daß er nicht einmal den um=
gewendeten Fall berechnet, wie die Wuth der teutschen
Soldaten sich auch gegen ihn kehren könne.

Nro. 5.

Les Soussignés, Ministres plénipotentiaires de la République française pour la négociation avec l'Empire germanique, ont reçu ordre du Directoire exécutif de donner connaissance à la Députation de l'Empire de la proclamation ci - jointe; ils s'en acquittent en joignant à la présente Note un exemplaire certifié par eux de cette proclamation, et de l'adresse du Général Jourdan à l'armée qu'il commande.

Les Soussignés sont chargés en même-tems de déclarer, qu'on ne doit voir dans cette marche de l'armée qu'une précaution commandée par les circonstances ; que le désir de la paix ds la part du Gouvernement français est toujours vif et sincère, et qu'il persiste à la conclure avec l'Empire, en supposant toute fois que l'Empire se déclarera contre la marche des Russes.

Les Ministres plénipotentiaires de la République française assurent le Ministre plénipotentiaire de Sa Majesté l'Empereur, de leur considération la plus distinguée.

Rastadt le 11. Ventose an VII. de la République française.

BONNIER, JEAN DEBRY, ROBERJOT.

Die Unterzeichneten, zur Unterhandlung mit dem deutschen Reiche bevollmächtigten Minister der französischen
Republik haben von dem Vollziehungsdirektorium den
Befehl erhalten, die beygeschlossene Proklamation der
Reichsdeputation zur Kenntniß zu bringen. Sie befol-
gen diesen Auftrag, und fügen der gegenwärtigen Note
eine von ihnen zur Beglaubigung unterzeichnete Abschrift
sowohl dieser Kundmachung, als auch der Zuschrift des
General Jourdan an die Armee, welche er comman-
dirt, bey.

„Die Unterzeichneten haben den Auftrag, zu gleicher Zeit zu erklären, daß man in diesem Marsch der
Armee nichts als eine Vorsichtsanstalt sehen solle, welche die Umstände gebieten: daß das Verlangen nach
Frieden von Seiten der franz. Regierung immer lebhaft
und aufrichtig ist; und daß dieselbe darauf besteht, ihn
mit dem Reiche abzuschließen, in der beständigen Voraus-
setzung daß das Reich sich gegen den Marsch der Russen
erklären werde.“

„Die bevollmächtigten Minister der franz. Republik
versichern den bevollmächtigten Minister Sr. Majestät
des Kaisers ihrer ausgezeichnetsten Hochachtung.

Rastatt, den 11. Ventose des J. 7. der franz. Rep.
(1. März 1799.)

Bonnier.   Jean Debry.   Roberjot.

Nr. 6.

Generals=Befehl.

welcher von Sr. Königl. Hoheit dem Erzherzoge
Karl an sämmtliche Herren Generals der Kaiser=
lichen und Reichs=Armee am 4ten Lenzmonats als
am Tage des Uebergangs der Armee über den
Lech erlassen worden ist.

Die unterm 1ten laufenden Monats erfolgte Vorrückung der französischen Armee aus ihren bisherigen Stellungen bestimmt mich, zunächst sämmtlichen
Herrn Generälen der Kaiserlichen und Reichs=Armee in
einer kurz gedrängten Uebersicht jene Ereignisse darzustellen, welche sich seit Jahr und Tag uns gegenüber verfolgten, und welche zuletzt den eigentlichen Anlaß zu dem
Standpunkte gaben, auf dem wir uns dermalen befinden.

Kaum waren die feierlichsten Verträge
zwischen Kaiser und Reich auf einer und Frankreich auf
der andern Seite geschlossen, so gieng letzteres schon mit
der Absicht um, von dem Rückzuge in die militärischen
Stellungen, die man diesseits auf Treue und Glauben
bezogen hatte, den ungerechtesten und schreiendsten Mißbrauch zu machen. Das friedfertige Schweizervolk wird
unterjocht, man sucht dasselbe durch die gewaltsamsten
Mittel aller Art zu einem folgsamen und unterwürfigen
Alliirten zu zwingen, und dadurch zugleich eine Flanque
Deutschlands zu gewinnen. Man versagte mitten im
Waffenstillstande der Festung Ehrenbreitstein die
durch die bestimmtesten Verträge festgesetzte Ravitaill

rung, man blokirte sie auf das strengste, man opferte mit
kaltem Blute, ohne die mindeste Rücksicht auf die völ»
kerrechtliche Stimme von ganz Europa zu nehmen, sowohl die ruhigen Bewohner des Thales, als die brave
Garnison der Festung Ehrenbreitstein dem Hunger, und
der Rest derselben wird in seiner letzten Entkräftung ge»
nöthigt, diesen wichtigen Platz zu verlassen. In dem
Augenblicke, als man sich Handlungen der Art auf eine
in der Geschichte gewiß beyspiellose Weise erlaubte, in
dem Augenblicke, wo Kontribuzionen und Requisizionen
auf dem rechten Rheinufer noch immer fortgesetzt, wo
der franzbsische Herrscherton auf dem Rastadter-Kongreß
noch immer höher steigt, und neue Forderungen, se lb st
bis zur Entehrung und Spott des deutschen
Namens, noch immer gehäuft werden, nimmt man
franzbsischer Seits keinen Anstand, an uns die Frage
zu stellen: ob man diesseits geneigt sey, sich gegen die
noch bevorstehenden weiteren Operationen dieser Art
zum Widerstand, das ist, zum Krieg zu rüsten? Auf
die Antwort, ob franzbsischer Seits die Feindseligkeiten
werden eingestellt, Ehrenbreitstein geräumt, die Armee
von dem rechten Rheinufer zurückgezogen, die Deutsch=
land umringenden und bedrohenden Truppen in der
Schweiz entfernt, und in Rastadt ein vernünftiger, auf
Gerechtigkeit gestützter F r i e d e , und nicht ein Unterjo-
chungstraktat geschlossen werden solle, erfolgt von fran»
zbsischer Seite keine andere Gegenantwort, als: M a n
hoffe, der Reichstag werde einen Entschluß
nehmen, wie ihn die Franzosen wünschen;
welches mit andern Worten heißt: man hoffe, daß
man die Franzosen in der freyen und viel bequemern
Ausübung einseitiger Feindseligkeiten ganz ungehindert
                                                    fortfahren

fortfahren laſſe: welches man doch den Deutſchen ſo
wie andern Völkern als Fortſetzung von freundſchaftli-
chen und Friedens-Geſinnungen aufdringen will.

Dieſer franzöſiſchen miniſteriellen Gegenantwort
tritt in dieſem Augenblick noch die Erklärung des Kom-
mandirenden der franzöſiſchen Armee hinzu: daß man
es auch itzt für räthlich finde, durch Beſitznahme
vortheilhafter militairiſcher Stellungen
ſich in den Stand zu ſetzen: wahrſcheinlich, um als-
dann, wenn man ſich genug vorbereitet glauben wird,
plötzlich mit geſammelten Truppen über Deutſche her-
zufallen, im erſten Augenblick die Schweizer-Republik
an die Donau vorzurucken, ihr dieſen Strom und den
Lech zur Grenze zu geben, und ſo, dieſem zu Folge
weiter und weiter zu greifen.

Die erſte militairiſche Vorſichtsmaßregel erheiſcht
es ſchon an und für ſich ſelbſt, gegen die aus ihren
bisherigen Stellungen vorrückende franzöſiſche Armee
das eintreten zu laſſen, was zur Sicherheit und Ruhe
Deutſchlands unumgänglich erforderlich iſt. Ich habe
die gänzliche Ueberzeugung, daß die meinen Befehlen
unterſtehende Armee die Beſtimmungen, welche ich bey
dem heutigen Uebergange über den Lech zu dieſem größ-
ten und heiligſten Nationalzwecke treffe, mit gleicher
ungetheilter Anhänglichkeit erfüllen werde, welche ſie
mir bey ſo vielen das Schickſal Deutſchlands entſchei-
denden Zeitpunkten auf eine Art bewieſen hat, die ihren unerſchütterlichen Biederſinn und ausdaurende Ta-
pferkeit in der Kriegsgeſchichte verewiget. Ich habe
alle Anſtalten in der Art getroffen, daß der braven

D

Mannschaft an den erforderlichen Lebensmitteln nichts gebrechen werde. Dagegen erwarte ich, und habe das volle Zutrauen, daß von allen und jeden gegen die Städte = Bewohner und Landleute, welche unsere Freunde sind, alle jene Schonung und Rücksicht, mit aller jener gewissenhaften Genauigkeit beobachtet werden wird, welche schon Billig = und Gerechtigkeit, ingleichen die ersten Grundsätze von Moralität gebieten. Auf den Fall aber, daß einzelne Individuen pflichtvergessen genug seyn sollten, die Ehre und den Ruhm der Armee, welcher sie angehören, durch Exzesse zu verletzen, füge ich die feyerliche Erklärung hinzu, daß diese durch die strengsten millitairischen Gesetze werden verfolgt werden. Da ich nicht minder versichert bin, daß es in der Gewalt eines jeden Kommandanten steht, durch Handhabung guter Ordnung und Diszplin, Exzesse aller Gattung hintanzuhalten; so mache ich die Kommandanten der Regimenter und Korps für die allenfallsigen Ereignisse dieser Art persönlich verantwortlich.